BEI GRIN MACHT SICH IHR WISSEN BEZAHLT

- Wir veröffentlichen Ihre Hausarbeit,
  Bachelor- und Masterarbeit

- Ihr eigenes eBook und Buch -
  weltweit in allen wichtigen Shops

- Verdienen Sie an jedem Verkauf

Jetzt bei www.GRIN.com hochladen und kostenlos publizieren

Selbstmanagement

Das Rubikonmodell der Handlungsphasen. Die Bedeutung non-verbaler und para-verbaler Kommunikation im Bezug auf Präsentationen. Theoretische Ansätze zur Work-Life-Balance

Leon Geyer

GRIN ☺

Bibliografische Information der Deutschen Nationalbibliothek:

Die Deutsche Nationalbibliothek verzeichnet diese Publikation in der Deutschen Nationalbibliografie; detaillierte bibliografische Daten sind im Internet über http://dnb.d-nb.de abrufbar.

ISBN: 9783346666475
Dieses Buch ist auch als E-Book erhältlich.

Druck und Bindung: Books on Demand GmbH, Norderstedt Germany
Gedruckt auf säurefreiem Papier aus verantwortungsvollen Quellen

Das vorliegende Werk wurde sorgfältig erarbeitet. Dennoch übernehmen Autoren und Verlag für die Richtigkeit von Angaben, Hinweisen, Links und Ratschlägen sowie eventuelle Druckfehler keine Haftung.

Das Buch bei GRIN: https://www.grin.com/document/1240134

Einsendeaufgabe

Prüfung im Modul Selbstmanagement BSELBM

Aufgabennummer:

Alternative B

Modul:

Selbstmanagement

Studiengang:

Betriebswirtschaft B.A.

Verfasser:

Leon Geyer

Inhaltsverzeichnis

<u>Abkürzungsverzeichnis</u>

ggf.	gegebenenfalls
etc.	et cetera
o.Ä.	oder Ähnlichem

Abbildungsverzeichnis

Genderhinweis

Aus Gründen der besseren Lesbarkeit wird auf die gleichzeitige Verwendung der Sprachformen männlich, weiblich und divers (m/w/d) verzichtet. Sämtliche Personenbezeichnungen gelten gleichermaßen für alle Geschlechter.

Aufgabe B1

Um näher auf das Rubikonmodell der Handlungsphasen eingehen zu können, wird das Zürcher Ressourcen Modell im Allgemeinen zunächst kurz erläutert. Beim Zürcher Ressourcen Modell handelt es sich um ein Selbstmanagement-Training, welches von Maja Storch und Frank Krause entwickelt wurde und sich mit der Motivation sowie dem Setzen und Erreichen von Zielen befasst (Storch & Krause, 2017, S.13-14).

Nach Lewin (1944) besteht der Unterschied zwischen Zielstreben und Zielsetzen in der Fragestellung, mit welcher sich ein Mensch in der jeweiligen Handlungsphase auseinandersetzt (Lewin, Dembo, Festinger & Sears, 1944, zitiert nach Gollwitzer, 1995, S.531). Bei der Zielsetzung geht es demnach darum, ein Ziel zu definieren sowie die Vorteile von dessen Erreichung und eventuelle Nachteile, welche durch ein Nichthandeln entstehen könnten, abzuwägen. Das Zielstreben hingegen bezieht sich auf zielorientierte Handlungen, welche ein bereits definiertes Ziel realisierbar machen sollen.

Das Rubikonmodell beschäftigt sich hierbei mit den Fragen, wie eine Person ihre Ziele auswählt, wie sie deren Realisierung plant, wie sie diese Pläne durchführt und wie sie die Ergebnisse ihrer Handlungen bewertet (Achtziger & Gollwitzer, 2009, S.150). Es befasst sich also umfassend mit dem Prozess beginnend bei dem Bedürfnis eines Menschen, seinem Handlungsprozess sowie ggf. der entsprechenden Zielerreichung.

Um diesen Prozess allerdings überhaupt erst erreichen zu können, muss ein bewusstes Bedürfnis vorliegen, was einem Menschen wichtig genug erscheint, sich intensiver mit der möglichen Erreichung des gewünschten Ist – Zustandes zu befassen (Storch & Krause, 2017, S. 90–91). Der Rubikon-Prozess ist in mehrere Phasen unterteilt, welche eine Person bei der Erreichung eines Ziels durchläuft. Diese folgen grundsätzlich zeitlich aufeinander (Achtziger & Gollwitzer, 2009, S.150).

1. Prädezisionale Handlungsphase (Bedürfnis)

Die erste Phase, welche ein Mensch in diesem Prozess durchläuft, ist die sogenannte prädezisionale Phase. Diese bildet den Grundstein zur späteren Durchführung von zielorientierten Handlungen sowie der Zielerreichung.

Charakterisiert wird diese erste Phase durch ein bewusstes oder unbewusstes Bedürfnis, was von einer Person allerdings oftmals noch nicht als konkretes Ziel in Worte gefasst werden kann (Achtziger & Gollwitzer, 2009, S.150).

Die unbewussten Bedürfnisse eines Menschen können sich beispielsweise in Form von Missständen in alltäglichen Situationen bemerkbar machen.

2. Zielentscheidung (Motiv)

In der 2. Phase des Modells wird das in Phase 1 noch unbewusste Bedürfnis der Person bewusst. Es kann nun darauf aufbauend ein klares, konkretes Ziel definiert werden. Das einstmalige Bedürfnis wird somit zu einem Motiv.

In diesem Schritt wägt ein Mensch ab, welche Vorteile die Umsetzung und das Erreichen eines gewünschten Soll- Zustands mit sich bringt. Es entsteht ein Anreiz, welcher im besten Fall genügend Motivation zur Umsetzung eines Ziels auslöst. Ein solcher Anreiz kann, je nach Art des formulierten Ziels, materieller Natur sein, als auch auf dem Streben nach sozialer Anerkennung oder einem bestimmten Gefühl etc. basieren. In dieser Hinsicht ist die Unterscheidung zwischen positiven und negativen Anreizen relevant. Positive Anreize werden durch die Aussicht auf Verbesserung der eigenen Lebensqualität erzeugt. So könnte beispielsweise ein Arbeitgeber seinen Arbeitnehmer durch eine Erfolgsbeteiligung an den Gewinnen des Unternehmens zu besseren Leistungen motivieren (Laux, 2013, S.5). Den Anreiz bildet hierbei die Aussicht auf ein besseres Gehalt, wodurch der Mitarbeiter beispielsweise seinen eigenen Lebensstandard erhöhen oder sich eine bessere Altersvorsorge aufbauen kann.

Negative Anreize sind hingegen meist von negativen Gefühlen wie Angst geprägt. Es soll eine Verschlechterung des aktuellen Ist- Zustandes und somit der Lebenssituation verhindert werden. Ein Beispiel für negative Motivation ist eine Person, welche aufgrund starken Übergewichts gesundheitliche Schäden im Alter befürchtet und deshalb Maßnahmen zur Gewichtsreduktion ergreift.

Es werden in diesem Schritt meist auch Nachteile sowie Strapazen durchdacht, welche eine Person mit der Durchführung eines solchen Plans auf sich nimmt. Hierbei beantwortet sich die Frage, ob die Erreichung eines Ziels den Invest, welcher dazu erbracht werden muss, wert ist. Je nach Art des Bedürfnisses spielen zeitliche, körperliche aber auch emotionale Faktoren hierbei eine Rolle.

Allerdings muss der Prozess der Formulierung eines neuen Ziels sowie des Abwägens von dessen Realisierbarkeit nicht immer ein fester Bestandteil dieses Modells sein. Auch eine Wiederaufnahme von bereits formulierten und ehemals verfolgten Zielen ist möglich (Gollwitzer, 1995, S.539). Ziel dieser Phase ist also, den Rubikon zu überschreiten und somit den Prozess des Abwägens abzuschließen (Heckhausen, 1987, S.3-9). Der Übergang in die Phase der konkreten Planung und Durchführung beginnt damit.

3. Handlungsinitiierung (Intention)

Hält die Person das Ziel nach Abwägung und Gegenüberstellung der eben genannten Faktoren nach wie vor für erstrebenswert, so folgt im nächsten Schritt die Handlungsinitiierung.

In dieser Phase wird die Zielerreichung erstmalig konkretisiert und die Planung der Umsetzung beginnt. Der Erfolg bei der Zielerreichung ist abhängig davon, wie stark sich eine Person ihrem Ziel verschrieben fühlt (Gollwitzer, 1995, S.536-537). Dies ist abhängig von der Volitionsstärke, welche sich sowohl aus der Wünschbarkeit als auch der Realisierbarkeit des Ziels zusammensetzt (Gollwitzer, 1995, S.536-537). Für die Realisierbarkeit entscheidende Rollen spielen die eigenen Mittel, welche zur Erreichung des gewünschten Ziels zur Verfügung stehen und wie diese bestmöglich eingesetzt werden können.

Es wird nach Gelegenheiten gesucht, in denen die Möglichkeit der Umsetzung des gewünschten Projekts besteht und somit entschieden, ob eine Handlungsinitiierung in der aktuellen Situation sinnvoll erscheint (Gollwitzer, 1995, S.536-537). Die Wünschbarkeit steht hingegen in direkter Abhängigkeit zu den im 2. Prozess herauskristallisierten Motiven. Sind die positiven und/ oder negativen Anreize stark genug, so wird die Wünschbarkeit ebenfalls sehr ausgeprägt sein.

4. Präaktionale Phase (Vorbereitung)

Die präaktionale Phase bildet den letzten Schritt vor der eigentlichen Handlung. Charakteristisch für diese Phase ist das Strukturieren und Planen von Handlungen, welche zur Zielerreichung beitragen sollen. Dabei wird auch abgewägt, ob die Durchführung des Plans sofort oder erst zu einem späteren Zeitpunkt erfolgen soll (Gollwitzer, 1995, S.536-537). Des Weiteren werden in diesem Prozess auch zeitliche sowie örtliche Faktoren in die Planung des Projekts miteinbezogen und berücksichtigt, um die Art und Weise der Durchführung zu definieren. Bestenfalls wird die Planung unter Berücksichtigung all dieser Faktoren durchgeführt, um die Erreichung des Ziels, angepasst auf die persönlichen Möglichkeiten und Bedürfnisse, so realistisch wie möglich zu gestalten.

5. Aktionale Phase (Handlung)

Ist der in der präaktionalen Phase aufgestellte Plan für die Person zufriedenstellend und hat das gesetzte Ziel nach wie vor Bestand, so erreicht ein Mensch daraufhin die 5. Phase, die aktionale Phase. Wie die Herleitung über das Wort „Aktion" bereits verrät, beginnt mit dieser Phase die eigentliche Durchführung. Diese Phase soll durch gezielte Handlungen das Ziel erreichbar machen. Neben Erfolgen sind in dieser Phase auch Misserfolge sowie Rückfälle in alte Verhaltensmuster möglich.

6. Postaktionale Phase

Nach der aktionalen Phase folgt die postaktionale Phase. In dieser Phase werden die in der aktionalen Phase durchgeführten Handlungen anhand verschiedener Fragestellungen bewertet und reflektiert. Eine entscheidende Rolle spielt hierbei, ob das Gesamtziel oder zumindest Teilziele erreicht werden konnten oder der Erfolg bisher noch gänzlich ausblieb. Darauf aufbauend wird abgewägt, ob die bisher durchgeführten Handlungen zielführend und sinnvoll sind, ob die Umsetzung des zuvor aufgestellten Plans realistisch ist, welche persönlichen Gefühle bei der Durchführung entstanden sind und welche weiteren Maßnahmen zur Erreichung des Ziels ergriffen werden können oder müssen (Achtziger & Gollwitzer, 2009, S.150).

Praxisbeispiel zur Veranschaulichung des Rubikon-Prozesses:

Max Mustermann ist 40 Jahre alt und seit vielen Jahren starker Raucher. Der Konsum von mindestens einer Schachtel Zigaretten ist seit langem ein fester Bestandteil seines Lebens.

1. Bedürfnis

Er merkt immer mehr, wie das Rauchen seinen Alltag beeinträchtigt. Nicht nur viel Zeit nimmt der regelmäßige Verzehr von Zigaretten in Anspruch, auch kostet es sehr viel Geld. Max, der praktisch dauerhaft knapp bei Kasse ist, träumt von einem schönen Urlaub in Italien, welcher allerdings noch nie im Budget lag. Den größten negativen Faktor stellen aber die gesundheitlichen Folgen des Tabakkonsums dar. Er merkt, dass sein Lungenvolumen deutlich geringer ist als vor seiner Zeit als Raucher. Selbst das Treppenlaufen bereitet ihm teilweise Probleme.

Auch hört er oft von Freunden und Familie, dass er durch seinen enormen Tabakkonsum weitreichende gesundheitliche Folgen zu erwarten hat und an diesen sogar sterben könnte.

2. Motiv

Max fasst den Entschluss, einen Versuch, mit dem Rauchen aufzuhören, zu starten. Er fühlt sich durch den Gedanken, seine Lebensqualität durch eine Verbesserung seines Gesundheitszustandes positiv motiviert. Allerdings verspürt er auch eine stark negative Art der Motivation aufgrund der Angst, durch den Tabakkonsum schwer zu erkranken.

3. Intention

Der Entschluss, mit dem Rauchen aufzuhören, fühlt sich für ihn gut an. Über ein Internetportal tauscht sich Max regelmäßig mit Gleichgesinnten aus, welche ebenfalls versuchen, mit dem Rauchen aufzuhören. Diverse Erfolgsgeschichten von anderen Menschen, welche durch diese Entscheidung von der Verbesserung Ihrer Lebensqualität berichten, motivieren ihn. Max erkennt, dass es nicht zu spät ist, seiner Gesundheit einen Gefallen zu tun.

4. Präaktionale Phase

Nun beginnt er aktiv mit der Planung. Er legt den Zeitpunkt, an dem er seine letzte Zigarette geraucht hat, als zeitlichen Startpunkt des Projekts fest. Er führt einen Kalender, welcher die Tage seit dem Rauchstopp zählt und ihm somit zusätzliche Motivation bringen soll. Außerdem legt er sich für Situationen, in welchen das Bedürfnis zu rauchen besonders stark ist, einen Plan zurecht.

So wird er jedes Mal, wenn seine Gedanken stark um das Thema des Tabakkonsums kreisen, 10 Liegestütze machen, um die Produktion von Glückshormonen anzuregen und einen freien Kopf zu bekommen. Ist dies in diesem Moment nicht möglich, etwa weil er sich bei der Arbeit befindet oder aus anderen diversen Gründen eine kurze sportliche Aktivität nicht möglich ist, so nimmt er sich vor, die Augen zu schließen und 5-10-mal tief ein- und auszuatmen. Auch auf die Möglichkeit eines Rückfalls bereitet er sich vor. So wird er in diesem Fall einfach seinen Kalender von vorne starten und nicht direkt beim ersten gescheiterten Versuch aufgeben.

5. Aktionale Phase

Die ersten Tage des Rauchstopps fallen ihm aufgrund der Euphorie sowie der starken intrinsischen Motivation nicht sonderlich schwer. Er bemerkt allerdings, dass er seine alten Gewohnheiten durchbrechen muss, um mit dem Rauchen aufhören zu können. Er findet außerdem Gefallen an sportlicher Aktivität, welche über die Ausführung von 10 Liegestütze hinausgeht. Er schließt daraufhin eine Mitgliedschaft im Fitnessstudio ab.

Das Aufbauen von Muskelmasse sowie einer guten Kondition wird zu einem weiteren Ziel, was ihn vom Tabakentzug ablenkt. Nach etwa 2 Monaten ohne einen Rückfall ist das Bedürfnis zu Rauchen deutlich weniger geworden.

Seine frühere ungesunde Gewohnheit hat er inzwischen durch deutlich gesündere wie das regelmäßige Training im Fitnessstudio ausgetauscht.

6. Postaktionale Phase

Einige Wochen später nimmt er sich etwas Zeit und schreibt die Gefühle sowie Erfolge auf, welche während der Durchführung des Projekts entstanden sind. Er reflektiert dabei die Maßnahmen, welche er in schwierigen Phasen ergriffen hat und wie er sich damit gefühlt hat. Da er die positiven Auswirkungen des Sporttreibens im Alltag deutlich spürt, bedarf es hierbei für ihn keiner Veränderung. Es hält ihn nämlich nicht nur vom Rauchen ab und verschafft ihm in kritischen Situationen einen freien Kopf, sondern verbessert auch seine Schlafqualität und fördert seine Konzentrationsfähigkeit. Im Internet recherchiert er nach neuen Trainingsmethoden, welche sein Sportprogramm in Zukunft noch abwechslungsreicher gestalten sollen und somit der Spaß am Training über längere Zeit erhalten bleibt.

Bei einer Routineuntersuchung bestätigt ihm sein Arzt die Verbesserung seines Gesundheitszustandes anhand seiner besseren Blutwerte. Max entscheidet daraufhin, seine neuen Verhaltensmuster noch lange Zeit beizubehalten.

Aufgabe B2

Um die Zusammenhänge und Bedeutung von non-verbaler und para-verbaler Kommunikation in Bezug auf Präsentationen erläutern zu können, werden zunächst die hierfür relevanten Begriffe definiert.

Der Überbegriff „Kommunikation" wird im Allgemeinen als der Austausch von Informationen zwischen einem Sender und mindestens einem Empfänger bezeichnet (Ellgring, 1986, S.14). Kommunikation wird grundsätzlich in 3 Bereiche unterteilt:

Die sogenannte verbale Kommunikation bezieht sich auf den reinen sprachlichen Inhalt der Aussagen eines Redners. Diesem Teil des Kommunizierens wird in alltäglichen Situationen oftmals ein sehr großer Wert beigemessen. Eine Studie von Mehrabian (1972) zeigte allerdings als Ergebnis, dass die rein verbale Kommunikation nur einen Anteil von 7% der zwischenmenschlichen Kommunikation ausmacht. Obwohl der Anspruch auf Allgemeingültigkeit dieser Ergebnisse seitens Mehrabian bereits widerrufen wurde, darf davon ausgegangen werden, dass die Bedeutung verbaler Kommunikation dennoch deutlich geringer ist, als von vielen Menschen zunächst angenommen. Der rein verbale Teil, also das was inhaltlich gesagt wird, ist grundsätzlich willentlich beeinflussbar. Worte können daher bewusst gewählt werden, um gezielte Ergebnisse bei der Kommunikation mit fremden Menschen zu erzielen.

Die non-verbale Kommunikation umfasst alle körpersprachlichen Aspekte des Kommunizierens, also die Körperhaltung, Bewegungen, Mimik, Gestik, Proxemik sowie Berührungen (vgl. Rosenbusch & Schober 2004, S. 6.; Büeler 2000, S. 24). Alle eben genannten Elemente sind in einem gewissen Rahmen willentlich beeinflussbar und einsetzbar, finden aber auch oftmals auf unterbewusster Ebene statt. Auch Faktoren wie der eigene Kleidungsstil können zur nonverbalen Kommunikation gezählt werden.

Den dritten Bereich bildet die para-verbale Kommunikation. Diese beschäftigt sich mit der Stimmlage, dem Tonfall, dem Sprechtempo sowie weiteren sprachlichen Aspekten. Auch dieser Bereich der Verständigung ist zum Teil willentlich beeinflussbar, findet aber, wie auch die nonverbale Kommunikation, meist unterbewusst statt.

Die nachfolgende Grafik veranschaulicht die einzelnen Teilbereiche der Kommunikation sowie deren wesentlichen Elemente.

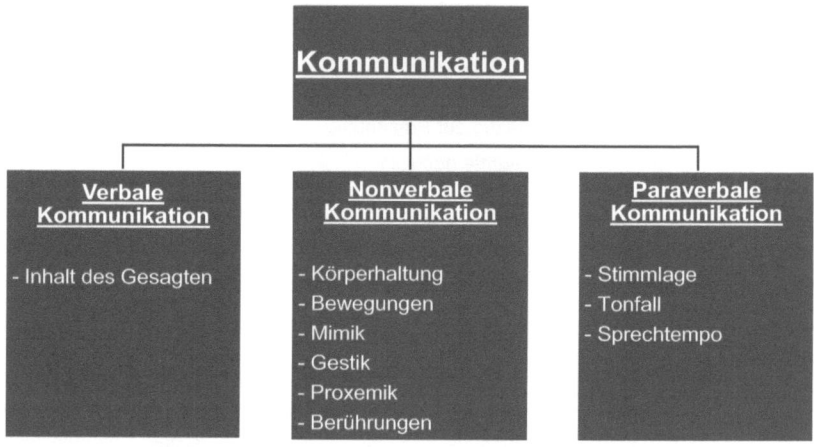

Abbildung 1: Die 3 Bereiche der Kommunikation
(Quelle: Eigene Darstellung)

Sowohl bei Präsentationen als auch bei Reden kommuniziert grundsätzlich ein Vortragender mit seinem Publikum. Daher spielen die eben genannten Arten der Verständigung bei Präsentationen ebenfalls eine Schlüsselrolle. Diese Zusammenhänge werden nun auf wissenschaftlicher Basis genauer erläutert.

Das gezielte Einsetzen von verschiedenen Techniken wie der Körpersprache kann dafür sorgen, dass der Redner auf seine Zuhörer deutlich selbstsicherer und dadurch kompetenter wirkt (Berckhan, B., 2007, S.9-12). Das bewusste Anwenden von nonverbalen sowie para-verbalen Kommunikationselementen kann bei einer Präsentation somit relevant sein, um diese für die Zuhörer ansprechender zu gestalten. All diese Faktoren sollten sich also hierbei zunutze gemacht und so gewählt werden, wie der Vortragende auf sein Publikum wirken will.

Der erste Eindruck und die Bedeutung non-verbaler Sprache

Geht man nun die Bedeutung nonverbaler Kommunikation bei Präsentationen chronologisch an, so erscheint es sinnvoll, sich zunächst mit dem ersten Eindruck, welchen ein Publikum vom Vortragenden bekommt, auseinanderzusetzen.

Dieser ist von hoher Bedeutung, da ein negativer erster Eindruck dafür sorgen kann, dass das Publikum von Anfang der Präsentation an dem Redner gegenüber in negativer Art und Weise voreingenommen ist und dem Inhalt der Präsentation eventuell nicht die Aufmerksamkeit schenkt, die sich der Präsentierende wünscht.

Nach der Studie von Mehrabian (1972) hat die non-verbale Sprache mit 55% den höchsten Einfluss aller 3 Bereiche auf die zwischenmenschliche Kommunikation. Dementsprechend sollte ein Redner bei einer Präsentation die Elemente der non-verbalen Kommunikation besonders beachten.

Um bei einem fremden Publikum einen positiven ersten Eindruck zu erzeugen, so ist die Wahl des Kleidungsstils ein entscheidendes Instrument. Mithilfe von Kleidung werden Signale an die Zuhörer gesendet (Justo, 2015, S.19). So kann beispielsweise ein bestimmter, dem jeweiligen Thema der Präsentation sowie der Klientel angepasster Kleidungsstil gewählt werden, um sowohl Kompetenz auszustrahlen, als auch die eigene Glaubwürdigkeit zu erhöhen. Fühlt der Redner sich in seinem Outfit wohl, so strahlt er dadurch außerdem eine größere Selbstsicherheit auf sein Publikum aus.

Des Weiteren kann mit der Wahl des Kleidungsstils signalisiert werden, dass der Vortragende sich mit dem Thema seiner Präsentation identifiziert. So wird ein Comedian zu seinem Auftritt ein anderes Outfit wählen als ein Projektleiter, welcher seinen Kollegen die Ergebnisse des durchgeführten Projekts präsentiert oder ein Schüler, welcher im Sportunterricht eine Präsentation über Basketball hält (vgl. Justo, 2015, S.21). Auch kann ein Referent, welcher sich in seiner Präsentation mit dem Thema Vermögensaufbau oder Geldanlage befasst, seinen Wohlstand und Status unterstreichen, indem er Kleidung bestimmter Marken wählt und somit zusätzlich seine Kompetenz unterstreicht (vgl. Justo, 2015, S.21).

Auch bestimmte Dresscodes sind in verschiedenen Unternehmen oder Branchen nicht unüblich und sollten in jedem Fall beachtet werden. Neben der Wahl des Kleidungsstils nehmen auch Faktoren wie die Frisur oder das Make-Up des Vortragenden Einfluss darauf, wie dieser auf seine Zuhörer wirkt. Daher sollten auch diese Komponenten auf die Art des Vortrags sowie dem Anlass entsprechend angepasst werden.

Ein weiterer Aspekt, welcher sowohl großen Einfluss auf den ersten Eindruck hat, als auch die Glaubwürdigkeit und Wirkung in punkto Kompetenz und Selbstsicherheit bestimmt, ist die Körpersprache des Redners. Diese wird, wie auch der Kleidungsstil, vom Zuhörer individuell wahrgenommen und interpretiert. So wirkt eine aufrechte Körpersprache um einiges sicherer auf das Publikum als beispielsweise ein gekrümmter Rücken.

Weiterhin sind die Bewegungen des Redners während der Präsentation von hoher Bedeutung. Wackelt der Redner wild hin und her oder schlottern ihm sprichwörtlich die

Knie, so strahlt dies Unsicherheit und Nervosität aus. Einen großen Bereich bilden hierbei die Hände. Diese können sich vom Redner für gezielte, den Sachverhalt veranschaulichende Bewegungen zunutze gemacht werden.

Nach Watzlawick ist es unmöglich, nicht zu kommunizieren. Das bedeutet, dass selbst ohne direkte verbale Kommunikation oder das bewusste Einsetzen von nonverbalen Kommunikationstechniken wie der Körpersprache, Mimik, Gestik oder Blickkontakt, Signale an Mitmenschen gesendet werden. Ein Mensch offenbart demnach immer Informationen über seinen Gemütszustand (Vgl. Watzlawick, Bavelas & Jackson, 2011, S. 59).

Hält der Redner daher durchgehend Blickkontakt mit seinem Publikum, so wirkt er dadurch selbstsicher und strahlt damit Kompetenz und Sicherheit in seinem Fachgebiet aus. Außerdem fühlen sich die Zuhörer dadurch angesprochen und verlieren nicht den Bezug zum Vortragenden.

Das Aufbauen von Körperkontakt ist bei Präsentationen meist schwer umsetzbar und wird daher zwar der Vollständigkeit halber erwähnt, allerdings in diesem Kontext nicht weiter ausgeführt.

Nicht nur die vom Präsentierenden ausgehende nonverbale Kommunikation ist sehr bedeutsam für Präsentationen. So können auch Körpersprache, Mimik und Gestik sowie alle anderen Elemente der nonverbalen Kommunikation der Zuhörerschaft als Referenz für den Redner genutzt werden. Er kann anhand dessen nachvollziehen, ob sein Publikum interessiert ist, die von ihm vermittelten Informationen verstanden werden, ob das Publikum sich gut unterhalten fühlt oder sich eventuell langweilt. Der Vortragende kann somit feststellen, zu welchem Zeitpunkt eventuell eine kurze Pause angebracht wäre oder er die Aufmerksamkeit seiner Zuhörer mit einem Witz o.Ä. wieder zurückerlangen muss.

Die Bedeutung para-verbaler Sprache

Die Ergebnisse der Studie von Mehrabian (1972) messen der para-verbalen Sprache mit einem Anteil von 38% einen, verglichen mit der verbalen Sprache, verhältnismäßig hohen Anteil bei. Es ist daher für einen Redner essentiell, sich mit den Aspekten der para-verbalen Kommunikation auseinanderzusetzen und diese bewusst zu seinem Vorteil zu nutzen. Denn durch das korrekte Einsetzen der para-verbalen Mittel kann sowohl die Aufmerksamkeit der Zuhörerschaft als auch die Verständlichkeit der durch den Redner vermittelten Inhalte erheblich positiv beeinflusst werden.

Beschäftigt man sich nun mit dem Einfluss para-verbaler Kommunikation auf Präsentationen, so ist ein erster wichtiger Aspekt in diesem Zusammenhang die Stimmlage des Redners. Hierbei ist es wichtig, dass die Stimme nicht monoton klingt, um zu vermeiden, dass die Zuhörer das Interesse am Gesagten verlieren.

Ist die Stimme des Präsentierenden übermäßig hoch, so deutet dies darauf hin, dass der Redner aufgeregt ist und dadurch unsicher auf seine Zuhörer wirkt. Kontrolliert der Redner allerdings von Anfang an bewusst seine Atmung, so kann ein solcher Effekt vermieden werden und die Stimme wirkt ruhiger (vgl. Thomas, E. M., 2017, S.42-43).

Das Sprechtempo ist ein weiteres Element der para-verbalen Kommunikation, auf welches es zu achten gilt. Ein Effekt, welcher durch zu schnelles Sprechen hervorgerufen wird, ist, dass die Zuhörer vor allem bei komplexen Themen Schwierigkeiten haben werden, inhaltlich zu folgen. Ist das Sprechtempo extrem langsam, so könnte die Präsentation zäh wirken und das Publikum gelangweilt sein, was zu einer verminderten Aufmerksamkeit führen kann. Es sollte hierbei also bewusst auf ein gesundes Mittelmaß geachtet werden um die Verständlichkeit des Gesagten für das Publikum zu maximieren.

Aufgabe B3

In dieser Aufgabe soll es um theoretische Ansätze zum Thema Work-Life Balance gehen.

Der Begriff stammt ursprünglich aus dem US-Amerikanischen Human Resource Management und wird in der Wirtschaft meist als das Vereinbaren von Arbeit und Familie beschrieben (Michalk & Nieder, 2007, S.21). Die Work-Life-Balance beschäftigt sich also mit der Fragestellung, wie die Ressourcen, welche einem Menschen zur Verfügung stehen, optimal genutzt und auf die verschiedenen Lebensbereiche aufgeteilt werden können.

Das Thema Work-Life Balance ist gerade für berufstätige Erwachsene ein sehr wichtiges Thema und oftmals eine große Herausforderung. Auch Unternehmen setzen sich immer intensiver mit diesem Bereich auseinander, da das Schaffen einer guten Work-Life-Balance zu einer höheren Mitarbeiterzufriedenheit und damit zu einer besseren Mitarbeiterbindung führt. Auch im Marketing sowie in einigen Werbespots findet der Begriff mittlerweile Verwendung. So werden zum Beispiel Produkte mit der Perspektive auf Verbesserung der eigenen Work-Life-Balance durch deren Erwerb beworben.

Eine Ressource, welcher jeder Mensch gleichermaßen besitzt, ist Zeit. Diese wird von jedem Menschen individuell eingeteilt. Zeit, welche einer bestimmten Tätigkeit oder einem bestimmten Lebensbereich zugewandt wird, steht für die anderen nicht zur Verfügung. Es entstehen also möglicherweise Konflikte zwischen den verschiedenen Interessen eines Menschen. Ist ein Familienvater also von morgens bis abends bei der Arbeit, so kann er diese Zeit nicht seiner Frau, seinen Kindern oder seinen Hobbies widmen.

Je mehr eine Person sich seinem Beruf verschreibt, desto weniger Zeit bleibt für das Privatleben, was das eben genannte Konfliktpotential exponentiell erhöht. Gründe hierfür können beispielsweise eine starke intrinsische Motivation bezüglich der Erreichung der eigenen Karriereziele, hohe Anforderungen des beruflichen Umfelds, also von Kollegen oder Chefs, sowie eine Erhöhung des eigenen Arbeitspensums aus verschiedenen Gründen sein. Somit haben vor allem besonders motivierte Arbeiter oftmals Schwierigkeiten, eine gesunde Work-Life-Balance aufrecht zu erhalten (Collatz & Gudat, 2011, S.5). Die Gestaltung des eigenen Tagesablaufs sowie die individuelle Zeiteinteilung eines Menschen hängen also zunächst stark von der familiären sowie beruflichen und privaten Lebenssituation, jedoch in erster Linie von den eigenen

Prioritäten ab. Ein Mensch muss also zwangsläufig entscheiden, wo seine persönlichen Prioritäten liegen. Die folgende Abbildung zeigt die verschiedenen theoretischen Erklärungsansätze zur Work-Life-Balance:

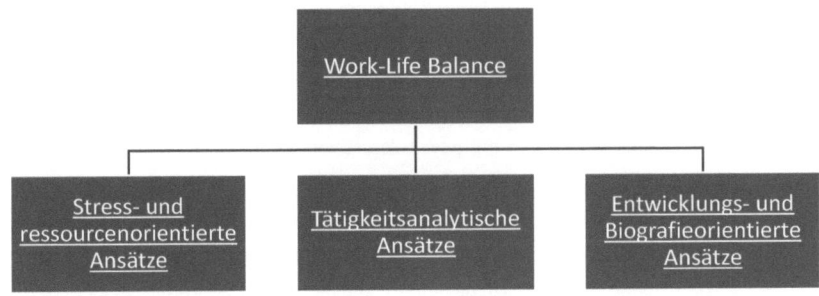

Abbildung 2: Ansätze zur Work-Life-Balance
(Quelle: Eigene Darstellung)

Im Folgenden werden die in Abbildung 2 aufgeführten Ansätze genauer erläutert.

1. Stress- und ressourcenorientierte Ansätze

Das Stress- und ressourcenorientierte Erklärungsmodell ist das derzeit gängigste und daher dominierende im Bereich der Work-Life-Balance.

Ein zentraler Aspekt ist hierbei die sogenannte Rollenstressperspektive. Diese beschäftigt sich mit der Problematik eines Menschen, die verschiedenen Rollen, welche dieser im Laufe eines normalen Alltags einnimmt, miteinander zu vereinbaren (Greenhaus & Beutell, 1985, S. 76-78). Meist handelt es sich um berufliche Rollen, wie die eines Arbeitnehmers oder -gebers, sowie private Rollen, etwa die einer Mutter, eines Vaters, Freundes oder Partners. So gerät eine Person, welche im beruflichen sowie privaten Feld besonders viele verschiedene Rollen übernimmt, schnell in einen Konflikt bei der Einplanung verschiedener Aufgaben. Diese Konflikte können zeitlicher oder auch energetischer Natur sein.

Das Modell der Rollenstressperspektive kann allerdings auch kritisch betrachtet und diskutiert werden. So kann ein Mensch auch durch das Einnehmen verschiedener Rollen im Alltag profitieren, da somit Monotonie vorgebeugt und der Alltag abwechslungsreicher gestaltet werden kann.

Auch kann persönliches Wachstum in verschiedenen Lebensbereichen erzielt werden, etwa in familiärer und beruflicher oder sozialer Sicht (vgl. Moser, 2015, S.229). Eine große Rolle spielt also hierbei die individuelle Vereinbarkeit einzelner Lebenselemente miteinander.

Zu den Stress- und ressourcenorientierten Ansätzen wird auch das Effort-Recovery-Modell von Meijman und Mulder (1998) gezählt. Im Fokus stehen hierbei arbeitspsychologische Belastungen. Es wird grundsätzlich davon ausgegangen, dass die Anforderungen eines Arbeitstages zwangsläufig mit dem Einsatz von Ressourcen und damit verbunden mit psychologischer Belastung einhergehen (Syrek, De Bloom, Burkardt & Rehberg, 2017, S.56). Eine Erholung hiervon ist demnach nur möglich, wenn das psychische Belastungsniveau nachlässt. Dies kann nur dann stattfinden, wenn die Person in seiner Freizeit die Möglichkeit bekommt, Abstand von seiner beruflichen Tätigkeit zu gewinnen und somit die Systeme, welche bei seiner Arbeit belastet werden, ausreichend zu entlasten (Sonnentag & Fritz, 2007, zitiert nach Syrek et. al., 2017, S.56). Hält der Belastungszustand länger an, kann in diesem Zeitraum keine Erholung stattfinden (Geurts & Sonnentag, 2006, S.483).

In der Praxis müssen demnach also nicht nur die Dauer sowie die Quantität der Pausen auf die jeweilige berufliche Tätigkeit der Person abgestimmt werden, sondern auch die in der freien Zeit ausgeführten Aktivitäten. Diese müssen auf die eben genannten, bei der beruflichen Tätigkeit der Person beanspruchten Systeme angepasst werden, um eine optimale Erholung als Ausgleich zu schaffen und den dauerhaften Belastungszustand zu vermeiden. Während es also für einen im Handwerk tätigen Menschen eine schöne Abwechslung sein kann, in seiner freien Zeit ein Buch zu lesen oder eine Sendung über die Natur im Fernsehen anzusehen, könnte selbiges für eine Biologiestudentin zu einer dauerhaften kognitiven Überlastung führen. Denn während der Handwerker meist körperlich arbeitet, geht eine Biologie Studentin in ihrem Alltag meist mit wissenschaftlichen Informationen um. Für sie könnte demnach etwa sportliche Betätigung eine gute Abwechslung sein, um der kognitiven Art der Belastung eine Pause der Aufnahme von Informationen zu verschaffen.

2. Tätigkeitsanalytische Ansätze

Eine Methode, welche zu der Kategorie der tätigkeitsanalytischen Ansätze gezählt wird, ist die sogenannte Zeitbudgetanalyse. Diese beschäftigt sich mit der individuellen Zeiteinteilung verschiedener Tätigkeiten in den verschiedenen Lebensbereichen eines Menschen über eine bestimmte Zeiteinheit (Wiese, 2015, S. 229).

Entscheidend sind hierfür sowohl die eigenen Ziele, die aktuelle Lebenssituation und die darauf basierenden Prioritäten, welche von jedem Menschen selbst gesetzt werden müssen. Ziel dieser Zeitbudgetanalyse ist es, die in eine Tätigkeit regelmäßig investierte Zeit so anzupassen, dass es proportional zur Wichtigkeit der Tätigkeit steht. Es soll somit zu einer Verbesserung der Balance zwischen den einzelnen Lebensbereichen Familie, Beruf, Hobbies etc. beitragen.

Ein geeignetes Mittel, um die Wichtigkeit einzelner Tätigkeiten herauszukristallisieren und darauf basierend die eigenen Prioritäten festzulegen, ist die sogenannte Qualitätsanalyse, welche für jede beliebige Tätigkeit nach einem bestimmten Schema durchgeführt werden kann. Zunächst ist die Verzichtbarkeit der jeweiligen Tätigkeit sowie deren zeitliche Flexibilität zu beurteilen und dementsprechend zu berücksichtigen (Fenzl & Resch, 2005, S.225-226). Einem Beruf nachzugehen ist etwa für die meisten Menschen aufgrund der finanziellen Situation unverzichtbar und, je nach Art des Berufs, meist an einen bestimmten Zeitraum gebunden. Ein Hobby ist hingegen im Normalfall nicht essentiell für die Sicherung des eigenen Lebensstandards.

Die Erhaltungsrelevanz der jeweiligen Tätigkeit hängt auch von den eigenen Zukunftsvisionen ab. Die Definition einer erhaltungsrelevanten Tätigkeit ist demnach oft subjektiv. Eine weitere Möglichkeit nach Kastner (2004) besteht darin, die eigenen, wiederkehrend ausgeführten Tätigkeiten nach einem bestimmten Schema zu kategorisieren, um eine optimale Balance zwischen „lustvollem und sinnvollem Handeln", schaffen zu können. Ziel seines Konzepts ist es, weder die essentiellen Aufgaben noch die spaßigen Aktivitäten des Lebens zu vernachlässigen, um somit die höchste Lebenszufriedenheit zu erreichen. Er unterscheidet zwischen investiven und konsumtiven Tätigkeiten, zwischen sinnvoll und sinnlos erlebten und als motivierend und demotivierend empfundenen Tätigkeiten. Diese Analyse und darauf basierende Kategorisierung der eigenen Tätigkeiten sieht er als Voraussetzung für das erfüllte Leben eines jeden Menschen.

3. Entwicklungs- und biografieorientierte Ansätze

Im Gegensatz zu den eben genannten Stress- und ressourcenorientierten Ansätzen, welche sich vor allem auf die Reduktion von Stress beziehen, stehen bei den Entwicklungs- und biografieorientierten Ansätzen der Work Life Balance verstärkt die eigenen Lebensziele sowie die Zukunftsvisionen eines Menschen im Vordergrund.

Diese Ansätze beziehen sich also weniger auf die kurzfristige Verteilung zwischen Anstrengung und Erholung als auf das Schaffen einer langfristigen Balance zwischen den einzelnen Lebensbereichen eines Menschen (Wiese, 2015, S.230).

So sehen auch Wiese und Freund (2000) eine balancierte Verteilung der eigenen Ressourcen auf die Verfolgung beruflicher sowie familiärer Ziele für am nachhaltigsten in Bezug auf ein erfülltes Leben. Laut ihnen steht bei der Zielsetzung von jungen Erwachsenen die Gründung einer glücklichen Familie ähnlich hoch im Kurs wie die jeweiligen beruflichen Ziele. Es muss also diesbezüglich eine individuelle Entscheidung getroffen werden, welche Gewichtung den beiden Lebensbereichen zugeteilt wird.

Bei einer Studie von Wiese (2000) wurden kinderlose Männer und Frauen zu exakt dieser Thematik befragt. Das Ergebnis dieser Studie war, dass circa 50% angaben, familiäre und berufliche Ziele gleich zu gewichten. Für etwa ein Drittel der Befragten waren die Karriereziele deutlich wichtiger als die familiäre Situation.

Im Kontext der Entwicklungs- und biografieorientierten Ansätze ist auch die Kritik, welche am Begriff der Work-Life-Balance geübt wird, relevant. So wird oftmals die Ansicht einiger Arbeitnehmer, Arbeit sei nur ein Mittel zum Zweck und der damit verbundene Versuch, Arbeit von den restlichen Lebensbereichen zu trennen, anstatt diese als einen normalen Lebensbereich anzuerkennen, kritisiert (vgl. Pringle, Olsson & Walker, 2003, S.4).

Gerade für Menschen, welche sich hohe berufliche Ziele setzen, kann der Bereich der Arbeit oftmals nicht mehr klar von den restlichen Lebensbereichen getrennt werden. Dies betrifft beispielsweise Selbstständige (Collatz & Gudat, 2011, S.17).

Eine klare Trennung von Beruf und Privatleben muss also nicht in jedem Fall zwangsläufig erfolgen. Bereitet einer Person der Beruf große Freude, ist dies ebenfalls oft nicht notwendig. Wer also große berufliche Zukunftsvisionen verfolgt und seine Prioritäten dementsprechend setzt, kann somit auch ohne die strikte Trennung von Beruf und Privatleben einen Zustand der Zufriedenheit erreichen.

Die Auslegung des Begriffs Work-Life-Balance ist daher in diesem Zusammenhang stark individuell geprägt.

Literaturverzeichnis

Achtziger, A., & Gollwitzer, P. M. (2009). Intentionstheoretischer Ansatz. In V. Brandstätter, & e. a. others, *Handbuch der Allgemeinen Psychologie : Motivation und Emotion* (S. 150-156; 209-214). Göttingen: Hogrefe.

Berckhan, B. (2007). *Einfach selbstsicher!* Gräfe und Unzer.

Collatz, A., & Gudat, K. (2011). Work-life-balance. Hogrefe.

Demerouti, E., Bakker, A. B., Geurts, S. A., & & Taris, T. W. (2009). Daily recovery from work-related effort during non-work time. In P. L. Perrewé, D. C. Ganster, & S. Sonnentag (Eds.), *Research in organizational stress and well-being* (S. 12-85).

Ellgring, J. H. (1986). Nonverbale Kommunikation.

Fenzl, C., & Resch, M. (2005). Zur Analyse der Koordination von Tätigkeitssystemen. *Zeitschrift für Arbeits- und Organisationspsychologie, 49*, S. 220-231.

Geurts, S. A., & Sonnentag, S. (2006). Recovery as an explanatory mechanism in the relation between acute stress reactions and chronic health impairment. *journal of work, environment & health*, S. 482-492.

Gollwitzer, P. M. (1995). Das Rubikonmodell der Handlungsphasen. 535-539.

Greenhaus, J. H., & Beutell, N. J. (1985). Sources of conflict between work and family roles. Academy of management review, 10(1). 76-88.

Heckhausen, H. (. (1987). *Wünschen—Wählen—Wollen. In Jenseits des Rubikon.* Berlin, Heidelberg: Springer.

Justo, G. (2015). *Kleidung als Mittel nonverbaler Kommunikation und Selbstdarstellung.* Diplomica Verlag.

Kastner, M. (2004). Work Life Balance als Zukunftsthema. In M. K. (Hrsg.), *Die Zukunft der Work Life Balance* (S. 1-65). Kröning: Asanger Verlag.

Laux, H. (2013). Erfolgssteuerung und Organisation: Anreizkompatible Erfolgsrechnung, Erfolgsbeteiligung und Erfolgskontrolle. Springer-Verlag.

Lewin, K., Dembo, T., L., F., & Sears, P. S. (1944). Level of aspiration. In J. M. (Hrsg.), *Personality and the behavior disorders* (S. 333-378). New York: Ronald.

Mehrabian, A. (1972). Nonverbal communication, Chicago, Ill.

Meijman, T. F. (1998). Psychological aspects of workload. In P. J. Drenth, H. T. Thierry, & C. J. (Hrsg.), *Handbook of work and organizational. Work psychology* (S. 5-33). Hove, England: Psychology Press/Erlbaum (UK) Taylor & Francis.

Moser, K. (2015). *Wirtschaftspsychologie 2. Auflage.*

Nieder, P., & Michalk, S. (2007). *Erfolgsfaktor Work-Life-Balance.* Wiley-VCH-Verlag.

Pringle, J., Olsson, S., & Walker, R. (2003). Work/Life Balance For Senior Women Executives: Issues of Inclusion. In *The Third Critical Management Studies Conference on Critique and Inclusivity* (S. 4). Lancaster, England. Von http://www. management. ac. nz/ejro abgerufen

Rosenbusch, H. S., & Schober, O. (2004). *Körpersprache und Pädagogik: das Handbuch.* Schneider-Verlag Hohengehren.

Sonnentag, S., & Fritz, C. (2007). The Recovery Experience Questionnaire: Development and Validation of a Measure for Assessing Recuperation and Unwinding from Work. *Journal of Occupational Health Psychology, 12 (3),,* S. 204-221.

Storch, M., & Krause, F. (2017). Selbstmanagement - ressourcenorientiert. Grundlagen und Trainingsmanual für die Arbeit mit dem Zürcher Ressourcen Modell (ZRM). Bern: Hogrefe.

Syrek, C., De Bloom, J., Burkardt, S., & & Rehberg, J. (2017). 5 Zutaten für eine gute Erholung im Urlaub. Positiv-Psychologische Forschung im deutschsprachigen Raum–State of the Art, 54.

Thomas, E. M. (2017). *Der perfekte Auftritt: Wie Sie mit einfachen Mitteln Ihre Wirkung verbessern (Vol. 278).* Haufe-Lexware.

Watzlawick, P., Bavelas, J. B., & Jackson, D. D. (2011). *Menschliche Kommunikation. Formen, Störungen, Paradoxien, 12. Aufl.* Bern.

Wiese, B. S. (2015). Work-Life-Balance. In K. M. (Hrsg.), *Wirtschaftspsychologie* (S. 227–244). Berlin: Springer.

Wiese, B., & Freund, A. (2000). The interplay of work and family in young and middle adulthood. In J. H. (Ed.), *Motivational psychology of human development: Developing motivation and motivating development* (S. 233-249). Oxford, UK: Elsevier .